Inhalt

Zehn Jahre Euro - doch der Stabilitätspakt wankt

Kernthesen

Beitrag

Fallbeispiele

Weiterführende Literatur

Impressum

Zehn Jahre Euro - doch der Stabilitätspakt wankt

R.Reuter

Kernthesen

- Der Euro hat es allen Skeptikern gezeigt und sich zu einer weltweit angesehenen Währung entwickelt.
- In der aktuellen Finanz- und Wirtschaftskrise erweist sich die europäische Gemeinschaftswährung überdies als stabilisierendes Element.
- Die für 2009 von vielen Regierungen geplante Erhöhung der Nettokreditaufnahme könnte die bisher harte Währung allerdings aufweichen.

Beitrag

Die Einführung des Euro hat sich für Europas Wirtschaft als Segen erwiesen. Mit der Einhaltung der Maastrichter Stabilitätskriterien wollen es einige Mitgliedsländer 2009 allerdings nicht so genau nehmen, wofür die EU-Kommission bereits Verständnis signalisiert hat.

Erfolgreiche Zwischenbilanz

Europas Gemeinschaftswährung feiert Geburtstag: Vor zehn Jahren, am 1. Januar 1999, haben die Banken ihre Bücher und Konten auf den Euro umgestellt. Seitdem hat die Gemeinschaftswährung auch Abschwünge erlebt, gilt aber dennoch als ein erfolgreicher Schritt auf dem Weg zu einem geeinigten Europa. Gegenüber dem Dollar hat sich der Euro zu einem starken Konkurrenten gemausert: Etwa 1,36 Dollar sind derzeit für einen Euro zu zahlen. Zudem wird deutlich, dass der Euro den beteiligten Ländern gerade in Krisenzeiten große Vorteile verschafft. Er hat für mehr Ruhe und Stabilität im Währungsraum gesorgt, als es sonst in so einer Krise der Fall gewesen wäre, meint Konjunkturexperte Michael Grömling vom Institut der Deutschen Wirtschaft (IW). (1), (2)

Stabilisierendes Element

Früheren Euro-Skeptikern ist der Wind damit aus den Segeln genommen. Länder wie Dänemark und Ungarn, die nicht über den Euro verfügen, zeigen in diesen Tagen, dass sich der Euro gerade in Krisenzeiten als Segen erweist. Beide Länder haben derzeit alle Hände voll zu tun, ihre Währungen zu stützen. Dabei musste Dänemark die Zinsen mitten in der Krise sogar anheben, um den Niedergang der Krone abzumildern. Mit 3,75 Prozent liegt der Leitzins bei unserem nördlichen Nachbarn angesichts der wirtschaftlichen Situation nun weitaus höher, als es für die Konjunktur gut wäre. Euro-Skeptiker hatten das Gegenteil erwartet: Sie waren davon ausgegangen, dass einzelne Länder bei schlechter wirtschaftlicher Lage aus dem Währungsverbund ausscheren würden. Tatsächlich aber ist heute jeder froh, der dabei sein darf. (1), (2)

Lob für die Europäische Zentralbank

Eine positive Rolle attestieren Experten der Europäischen Zentralbank (EZB.) Als sich die Banken gegenseitig kein Geld mehr liehen, haben die Hüter der europäischen Gemeinschaftswährung Liquidität in fast unbegrenztem Ausmaß bereitgestellt. In kleinen Ländern außerhalb des Euro-Raums haben die Zentralbanken hingegen kaum Möglichkeiten, auf längere Zeit als Kreditgeber für das angeschlagene Finanzsystem einzuspringen. Ein Lerneffekt aus dieser Krise ist, dass die Länder gesehen haben, wie sinnvoll der Stabilitätspakt ist und welchen Vorteil ihnen der Euro bringt, so IW-Experte Grömling. (2)

Stabilitätspakt in Gefahr

Gerade der Stabilitätspakt, dem der Euro seine Stärke verdankt, könnte durch die aktuelle Finanz- und Wirtschaftskrise allerdings in Gefahr geraten. Er verpflichtet die Euro-Länder zu einer Begrenzung ihrer Neuverschuldung auf jährlich drei Prozent des Bruttoinlandsprodukts. Die aktuelle Krisenlage könnte nun dazu führen, dass die Kriterien nicht mehr eingehalten werden. Schätzungen zu Folge könnte beispielsweise das irische Defizit im kommenden Jahr bis zu sieben Prozent erreichen, in Spanien werden fünf Prozent erwartet. Für Frankreich sehen Konjunkturexperten ein Defizit in Höhe von vier bis fünf Prozent voraus. Zum Kandidatenkreis der Länder, die die Defizitgrenze 2009 reißen werden, zählen auch Italien und Griechenland. In

Großbritannien, das allerdings weiterhin dem Pfund vertraut, rechnet man sogar mit einem Minus von acht Prozent. (3)

Frankreich will Lockerung

Schon in der Vergangenheit haben es die Euroländer mit der Einhaltung des Paktes nicht immer ganz genau genommen. Sogar der einstige Musterschüler in der Disziplin Währungsstabilität, die Bundesrepublik Deutschland, hat die Drei-Prozent-Grenze mehrmals hintereinander nicht einhalten können. Die für 2009 erwarteten Defizitüberschreitungen dürften nach Schätzungen der EU-Kommission allerdings weit größer ausfallen als damals. Immer mehr Länder drängen darauf, den Stabilitätspakt zu lockern oder auszusetzen, so ein hoher EU-Diplomat. Währungskommissar Joaquin Almunia lehnt eine Lockerung ab, steht mit seiner Meinung aber zunehmend alleine da: Die EU-Kommission hat angekündigt, dass sie 2009 keine Sanktionen verhängen werde, wenn die Mitgliedsstaaten die Kriterien des Stabilitätspakts verletzen sollten. Als entschiedener Befürworter einer Lockerung des Stabilitätspakts gilt Frankreichs Staatspräsident Nicolas Sarkozy. (3)

Bundesregierung will am Stabilitätspakt nicht rütteln lassen

Die Bundesregierung will indessen von einer Aufweichung der Regeln derzeit nichts wissen. Sie empfindet das Verhalten mancher Staaten wie auch die Aussagen Sarkozys als Angriff auf den Stabilitätspakt. Wenn dem kein Einhalt geboten wird, wird der Pakt am Ende tot sein, hieß es in Regierungskreisen. Die deutsche Haltung wird von Österreich, Finnland und den Niederlanden unterstützt. Ob Deutschland seinerseits in der Lage sein wird, seine Konjunktur wie geplant anzukurbeln, ohne dafür die Defizitgrenze zu verletzten, ist allerdings fraglich. Käme es zu einer Neuverschuldung in Höhe von über 40 Milliarden Euro, wäre die Drei-Prozentgrenze zusammen mit den Schulden der Länder und Kommunen nicht fern. (3)

Höhe der Neuverschuldung noch unklar

Wie hoch die Kreditaufnahme der Bundesrepublik Deutschland 2009 tatsächlich ausfallen wird, ist allerdings noch nicht entschieden. Offiziell will die

Regierung im nächsten Jahr 18,5 Milliarden Euro an neuen Krediten aufnehmen. Wirtschaftszeitungen berichten, dass intern aber schon mit mindestens 30 Milliarden Euro gerechnet werde. Zusammen mit einem zweiten Konjunkturpaket könnten es sogar 40 Milliarden oder mehr werden. Dass sich die Schuldenaufnahme in dieser Größenordnung bewegen könnte, zeigt die Ankündigung der Bundesregierung, eine Störung des gesamtwirtschaftlichen Gleichgewichts festzustellen. Das muss sie immer dann tun, wenn die Neuverschuldung die Summe der Investitionen im Haushalt übersteigt. (3)

Teure Krise

Die Haushaltsexperten der Großen Koalition gehen davon aus, dass die aktuelle Wirtschaftskrise, auch ohne ein zweites Konjunkturpaket, die öffentlichen Haushalte und Sozialversicherungen bis 2012 etwa 200 Milliarden Euro kosten wird. Die Studie berücksichtigt voraussichtliche Steuermindereinnahmen genauso wie Mehrausgaben für Arbeitslose und die Kosten für das Konjunkturpaket I. Grundlage der Berechnung ist ein angenommener Rückgang des Bruttoinlandsprodukts um zwei Prozent. (4)

Konsolidierungskurs steht vor dem Ende

Der bisherige Rekordhalter bei der Höhe der Neuverschuldung ist der frühere Bundesfinanzminister Theo Waigel. 1996 musste die Bundesrepublik unter seiner Ägide als zuständiger Minister umgerechnet 40 Milliarden Euro aufnehmen. Wenn es im laufenden Jahr zu einer Neuverschuldung in ähnlicher Höhe kommt, wäre der Konsolidierungskurs der Bundesregierung hiermit erst einmal beendet. (4)

Streit um das zweite Konjunkturpaket

Unterdessen nimmt das zweite Konjunkturpaket der Bundesregierung Formen an. Inoffiziellen Verlautbarungen zufolge soll das neue Wachstumsprogramm neben zusätzlichen öffentlichen Investitionen und besonderen Hilfen für die Autoindustrie auch niedrigere Sozialabgaben enthalten. Streit wird es bei den Verhandlungen um das Thema Steuersenkungen geben: Das Positionspapier der SPD sieht Steuererleichterungen nicht vor, während die CSU hierauf besteht. CSU-Chef Seehofer will die von der SPD geforderte Absenkung der Sozialabgaben nur dann unterstützen, wenn auch die Steuern in gleichem Umfang gesenkt werden. (6)

Wasserstandsmeldungen zur Nettokreditaufnahme

Derzeit sieht es so aus, als dass die Maßnahmen eine Gesamthöhe von 25 Milliarden Euro nicht übersteigen werden. Zusammen mit den ohnehin geplanten 18,5 Milliarden Euro würde die Neuverschuldung dann aber dennoch über 40 Milliarden Euro liegen und der bisherige Rekordhalter Theo Waigel damit entthront werden. Allerdings sind die derzeitigen Angaben zur Verschuldungshöhe bestenfalls als Wasserstandsmeldungen zu werten, die sich täglich ändern können. (5)

Fallbeispiele

Slowakei führt den Euro ein

Die Slowakei hat als erstes Land des ehemaligen Ostblocks den Euro eingeführt. Insgesamt umfasst die Eurozone nun 329 Millionen Menschen. (8)

Weiterführende Literatur

(1) Der Stabilitätspakt bleibt umstritten
aus Frankfurter Allgemeine Zeitung, 24.12.2008, Nr. 301, S. 15

(2) Zehn Jahre alt und stark wie nie Wie der Euro alle Kritiker überraschte und in der Wirtschaftskrise gar als Vorteil angesehen wird
aus DIE WELT, 23.12.2008, Nr. 301, S. 10

(3) Stabilitätspakt in Gefahr
aus Süddeutsche Zeitung, 18.12.2008, Ausgabe Bayern, München, S. 7

(4) Staat fehlen 200 Mrd. Euro bis 2012 Zweites Konjunkturpaket wird Belastung noch erhöhen · Ramsauer verlangt Etatdisziplin
aus Financial Times Deutschland vom 18.12.2008, Seite 9

(5) Plöchinger, Stefan, Angst vor hoher Verschuldung, Konjunkturpaket soll auf 25 Milliarden Euro beschränkt werden, Spiegel Online, 24.12.2008
aus Financial Times Deutschland vom 18.12.2008, Seite 9

(6) Konjunkturpaket nimmt Formen an
aus Stuttgarter Zeitung, 24.12.2008, S. 1

(7) Inflation Deutschland erlebt stärksten Preisauftrieb seit 1994
aus HANDELSBLATT online 30.12.2008 14:08:36

(8) Slowaken zahlen jetzt auch mit Euro Land ist nun 16. Mitglied der Währungsunion - Reibungslose Umstellung
aus DIE WELT, 02.01.2009, Nr. 1, S. 9

Impressum

Zehn Jahre Euro - doch der Stabilitätspakt wankt

Bibliografische Information der deutschen Nationalbibliothek

Die Deutsche Nationalbibliothek verzeichnet diese Publikation in der deutschen Nationalbibliografie; detaillierte bibliografische Daten sind im Internet über http://dnb.d-nb.de abrufbar.

ISBN: 978-3-7379-1648-6

© 2015 GBI-Genios Deutsche Wirtschaftsdatenbank GmbH, Freischützstraße 96, 81927 München, www.genios.de

Alle Rechte vorbehalten. Dieses Werk ist einschließlich aller seiner Teile – z.B. Texte, Tabellen und Grafiken - urheberrechtlich geschützt. Jede Verwertung außerhalb der Grenzen des Urheberrechtsgesetzes bedarf der vorherigen Zustimmung des Verlags. Dies gilt insbesondere auch für auszugsweise Nachdrucke, fotomechanische Vervielfältigungen (Fotokopie/Mikroskopie), Übersetzungen, Auswertungen durch Datenbanken oder ähnliche Einrichtungen und die Einspeicherung und Verarbeitung in elektronischen Systemen.